# Vida con Bienestar

## Grace White

Grace White

Grace White

# Indice

# Introducción al Bienestar

El bienestar es un concepto amplio que abarca diversos aspectos de nuestra vida, desde la salud física hasta la emocional y mental. En esencia, se trata de sentirse bien con uno mismo y con el entorno. Tener bienestar no significa simplemente estar libre de enfermedades, sino vivir de una manera que promueva una calidad de vida óptima. El bienestar se trata de equilibrar los diferentes aspectos de nuestra vida para que podamos disfrutar de cada día al máximo y enfrentar los desafíos con resiliencia.

Imagina despertar cada mañana con energía, motivación y una sensación de propósito. Esto es posible cuando cuidamos de nuestra salud en su totalidad. El bienestar empieza por la alimentación, el ejercicio, el sueño y el manejo del estrés. Pero va más allá de lo físico. También incluye nuestras relaciones, nuestras emociones, nuestro entorno y cómo nos sentimos con respecto a nosotros mismos. Todo está interconectado. Cuando una parte de nuestra vida está desequilibrada, puede afectar a las demás.

La alimentación juega un papel fundamental en nuestro bienestar. Lo que comemos no solo afecta nuestra salud física, sino también nuestro estado de ánimo y energía. Consumir una dieta balanceada y nutritiva nos proporciona los nutrientes necesarios para mantenernos activos y saludables. Incluir una variedad de frutas, verduras, proteínas y granos enteros en nuestra dieta puede hacer una gran diferencia en cómo nos sentimos día a día.

El ejercicio es otro pilar del bienestar. No se trata solo de mantener un peso saludable, sino de mover nuestro cuerpo para liberar tensiones, mejorar nuestro estado de ánimo y fortalecer nuestros músculos y huesos. No es necesario ser un atleta profesional para beneficiarse del ejercicio. Actividades simples como caminar, bailar o practicar yoga pueden tener un impacto significativo en nuestra salud y felicidad.

El sueño es el tercer componente crucial del bienestar. Un buen descanso es esencial para la reparación y regeneración de nuestro cuerpo y mente. Sin suficiente sueño, nos sentimos cansados, irritables y menos capaces de enfrentar los desafíos diarios. Establecer una rutina de sueño regular y crear un ambiente propicio para el descanso puede ayudarnos a mejorar la calidad de nuestro sueño y, en consecuencia, nuestro bienestar general.

Manejar el estrés es fundamental para mantener el bienestar. El estrés es una parte inevitable de la vida, pero cuando se vuelve crónico, puede tener efectos negativos en nuestra salud. Aprender técnicas de relajación, como la meditación, la respiración profunda y el mindfulness, puede ayudarnos a reducir el estrés y mejorar nuestra calidad de vida. Además, tomar tiempo para nosotros mismos, hacer cosas que disfrutamos y conectar con nuestros seres queridos también puede ser muy beneficioso.

La salud emocional es igualmente importante. Reconocer y gestionar nuestras emociones, tanto positivas como negativas, nos permite vivir de una manera más equilibrada. La práctica de la gratitud, el autocuidado y la búsqueda de apoyo cuando lo necesitamos son estrategias clave para mantener una buena salud emocional. No debemos tener miedo de expresar nuestras emociones o pedir ayuda cuando lo necesitemos.

Nuestras relaciones también juegan un papel crucial en nuestro bienestar. Tener conexiones significativas con familiares, amigos y la comunidad nos proporciona apoyo, amor y un sentido de pertenencia. La comunicación abierta, la empatía y el respeto son fundamentales para construir y mantener relaciones saludables. Pasar tiempo con nuestros seres queridos, compartir experiencias y crear recuerdos juntos puede enriquecer nuestra vida de maneras profundas.

El entorno en el que vivimos también impacta nuestro bienestar. Un ambiente limpio, organizado y agradable puede mejorar nuestro estado de ánimo y productividad. Pasar tiempo al aire libre, en contacto con la naturaleza, puede ser revitalizante y relajante. Crear un espacio en nuestro hogar que refleje nuestra personalidad y nos haga sentir cómodos puede contribuir significativamente a nuestro bienestar.

Finalmente, el bienestar también se trata de crecimiento personal y autoaceptación. Establecer metas, aprender cosas nuevas y trabajar en nuestro desarrollo personal nos ayuda a sentirnos realizados y satisfechos con nuestra vida. Aceptarnos tal como somos, con nuestras fortalezas y debilidades, y tratarnos con amabilidad y respeto es esencial para nuestra felicidad y bienestar.

En resumen, el bienestar es un viaje continuo de cuidado personal y equilibrio. Al enfocarnos en la salud física, emocional y mental, podemos vivir una vida más plena y satisfactoria. Este libro te guiará a través de los diferentes aspectos del bienestar, ofreciéndote consejos prácticos y estrategias para mejorar tu calidad de vida. Recuerda que cada pequeño cambio positivo que hagas puede tener un gran impacto en tu bienestar general. ¡Vamos a empezar este viaje hacia una vida con bienestar juntos!

# La Mente y el Cuerpo en Armonía

El equilibrio entre la mente y el cuerpo es esencial para alcanzar un estado de bienestar integral. Cuando pensamos en nuestra salud, a menudo nos enfocamos solo en el aspecto físico, pero la salud mental y emocional es igualmente importante. La mente y el cuerpo están interconectados; lo que afecta a uno inevitablemente afecta al otro. Para vivir una vida plena y saludable, es crucial entender esta conexión y trabajar en mantener ambos aspectos en armonía.

Imagina tu cuerpo como un automóvil y tu mente como el conductor. Para que el viaje sea seguro y placentero, el conductor debe estar alerta, calmado y en control, y el automóvil debe estar en buen estado de funcionamiento. Si el conductor está estresado o distraído, el viaje puede volverse peligroso, incluso si el automóvil está en perfectas condiciones. De la misma manera, si el automóvil tiene problemas mecánicos, el viaje será difícil, aunque el conductor esté en su mejor forma. La clave es asegurarse de que tanto la mente como el cuerpo estén alineados y trabajando juntos de manera eficiente.

El estrés es un claro ejemplo de cómo la mente y el cuerpo pueden influirse mutuamente. Cuando estamos bajo estrés, nuestro cuerpo responde liberando hormonas como el cortisol y la adrenalina. Estas hormonas preparan al cuerpo para una respuesta de "lucha o huida", lo que puede ser útil en situaciones de emergencia, pero si el estrés se vuelve crónico, puede tener efectos negativos en nuestra salud. Los síntomas físicos del estrés pueden incluir dolores de cabeza, problemas digestivos, tensión muscular y problemas del sueño. Al mismo tiempo, el estrés puede afectar nuestra salud mental, causando ansiedad, depresión y dificultad para concentrarse.

Una forma de mantener la armonía entre la mente y el cuerpo es a través de la práctica regular de la meditación y el mindfulness. Estas técnicas nos ayudan a estar presentes en el momento, reducir el estrés y mejorar nuestra salud mental. La meditación puede ser tan simple como sentarse en un lugar tranquilo y concentrarse en la respiración. A medida que inhalamos y exhalamos lentamente, nos permitimos soltar las preocupaciones y centrarnos en el aquí y ahora. El mindfulness, por su parte, implica ser consciente de nuestros pensamientos, emociones y sensaciones corporales sin juzgarlos. Al practicar estas técnicas, podemos reducir la reacción de nuestro cuerpo al estrés y mejorar nuestra salud mental.

El ejercicio físico también juega un papel vital en el mantenimiento del equilibrio entre la mente y el cuerpo. La actividad física regular no solo fortalece nuestro cuerpo, sino que también libera endorfinas, las hormonas de la felicidad, que mejoran nuestro estado de ánimo y reducen el estrés. No es necesario realizar entrenamientos intensivos para obtener estos beneficios. Actividades simples como caminar, nadar, bailar o practicar yoga pueden ser muy efectivas. El ejercicio también puede mejorar la calidad del sueño, lo cual es esencial para la salud mental y física.

La alimentación es otro factor crucial en la conexión mente-cuerpo. Una dieta equilibrada y nutritiva proporciona los nutrientes necesarios para que nuestro cuerpo funcione correctamente y nuestra mente se mantenga alerta y positiva. Alimentos ricos en omega-3, como el salmón y las nueces, pueden mejorar la salud cerebral y reducir los síntomas de depresión. Las frutas y verduras frescas, llenas de vitaminas y minerales, pueden aumentar nuestros niveles de energía y mejorar nuestro estado de ánimo. Evitar alimentos procesados y azúcares refinados puede prevenir los picos y caídas de energía que pueden afectar negativamente nuestra salud mental.

El sueño adecuado es fundamental para mantener la armonía entre la mente y el cuerpo. Durante el sueño, nuestro cuerpo se repara y nuestra mente procesa las experiencias del día. La falta de sueño puede conducir a problemas de salud física, como un sistema inmunológico debilitado, y problemas de salud mental, como irritabilidad y dificultades para concentrarse. Establecer una rutina de sueño regular y crear un ambiente relajante para dormir puede mejorar la calidad de nuestro sueño y, en consecuencia, nuestro bienestar general.

Las relaciones personales también juegan un papel importante en la conexión mente-cuerpo. Tener relaciones positivas y de apoyo puede mejorar nuestra salud mental y física. Compartir nuestros pensamientos y sentimientos con amigos y familiares nos ayuda a liberar el estrés y sentirnos comprendidos y apoyados. Por otro lado, las relaciones tóxicas pueden aumentar el estrés y afectar negativamente nuestra salud. Es importante rodearnos de personas que nos aporten energía positiva y nos ayuden a crecer.

Finalmente, el autocuidado es esencial para mantener la armonía entre la mente y el cuerpo. Esto incluye tomar tiempo para relajarse, hacer cosas que disfrutamos y cuidar de nuestra salud emocional. Actividades como leer, escuchar música, pasar tiempo en la naturaleza o practicar un hobby pueden ayudarnos a recargar nuestras energías y mejorar nuestro bienestar general.

En conclusión, la conexión entre la mente y el cuerpo es poderosa y fundamental para nuestro bienestar. Al cuidar tanto de nuestra salud mental como física, podemos vivir una vida más equilibrada y satisfactoria. Este libro te proporcionará las herramientas y estrategias necesarias para mantener esta armonía y mejorar tu calidad de vida. Recuerda que cada pequeño paso que tomes hacia el equilibrio mente-cuerpo te acercará a una vida más plena y saludable. ¡Sigamos este camino juntos hacia una vida con bienestar!

# Alimentación Saludable para el Bienestar

La alimentación saludable es uno de los pilares más importantes para lograr y mantener el bienestar. Lo que comemos no solo afecta nuestra salud física, sino también nuestra energía, estado de ánimo y capacidad para enfrentar el día a día. Una dieta equilibrada y nutritiva puede ser la diferencia entre sentirnos agotados y apáticos o vibrantes y llenos de vida. Comer bien es una de las mejores inversiones que podemos hacer en nosotros mismos.

Empecemos con los principios básicos de una alimentación equilibrada. Una dieta saludable incluye una variedad de alimentos de todos los grupos principales: frutas, verduras, proteínas, granos enteros y lácteos o sus alternativas. Cada grupo de alimentos proporciona diferentes nutrientes esenciales que nuestro cuerpo necesita para funcionar correctamente. Las frutas y verduras, por ejemplo, son ricas en vitaminas, minerales y fibra, que ayudan a mantener nuestro sistema digestivo saludable y nuestro sistema inmunológico fuerte.

Las proteínas son esenciales para la reparación y construcción de tejidos en nuestro cuerpo. Fuentes de proteínas saludables incluyen carnes magras, pescado, huevos, legumbres y frutos secos. Los granos enteros, como el arroz integral, la quinoa y la avena, proporcionan energía sostenida gracias a su contenido de fibra y nutrientes. Los lácteos y sus alternativas, como la leche, el yogur y las leches vegetales, son importantes para la salud ósea debido a su contenido de calcio y vitamina D.

Una parte crucial de una alimentación saludable es la moderación. No se trata de eliminar todos los alimentos que disfrutamos, sino de encontrar un equilibrio. Podemos disfrutar de una pizza o un helado de vez en cuando, siempre y cuando no se conviertan en la base de nuestra dieta. La clave está en comer una variedad de alimentos y no excederse en ninguno en particular. Comer en porciones adecuadas y prestar atención a las señales de hambre y saciedad de nuestro cuerpo puede ayudarnos a mantener ese equilibrio.

La planificación de comidas puede ser una herramienta muy útil para mantener una dieta equilibrada. Tomarse el tiempo para planificar nuestras comidas y meriendas puede ayudarnos a asegurarnos de que estamos obteniendo todos los nutrientes que necesitamos. Podemos empezar haciendo una lista de compras que incluya una variedad de frutas, verduras, proteínas y granos enteros. Preparar comidas caseras en lugar de depender de alimentos procesados o comida rápida nos permite controlar los ingredientes y hacer elecciones más saludables.

La hidratación también es una parte fundamental de una alimentación saludable. Nuestro cuerpo está compuesto en gran parte por agua, y necesitamos mantenernos bien hidratados para que funcione correctamente. El agua ayuda a transportar nutrientes por todo el cuerpo, elimina desechos y mantiene nuestras células hidratadas. Beber suficiente agua a lo largo del día es crucial para nuestra energía y bienestar general. Además del agua, podemos hidratarnos con infusiones de hierbas, agua con limón y otras bebidas sin azúcar.

Es importante también ser consciente de los alimentos que debemos limitar. Los alimentos altos en azúcares refinados, grasas saturadas y sodio pueden tener efectos negativos en nuestra salud si se consumen en exceso. Los azúcares refinados, presentes en muchos dulces, refrescos y alimentos procesados, pueden provocar picos y caídas de energía que afectan nuestro estado de ánimo y concentración. Las grasas saturadas y trans, que se encuentran en alimentos fritos y algunos productos horneados, pueden aumentar el riesgo de enfermedades del corazón. El exceso de sodio, común en los alimentos procesados y la comida rápida, puede contribuir a la hipertensión.

Otra forma de promover una alimentación saludable es escuchar a nuestro cuerpo y ser conscientes de nuestras necesidades y deseos. A veces comemos por razones emocionales, como el estrés o el aburrimiento, en lugar de por hambre. Practicar el mindfulness al comer puede ayudarnos a reconocer cuándo estamos realmente hambrientos y cuándo estamos comiendo por otras razones. Esto implica prestar atención a nuestros alimentos, saborear cada bocado y estar presentes en el momento de la comida.

La alimentación saludable también puede ser divertida y creativa. Experimentar con nuevas recetas, probar diferentes alimentos y disfrutar de la preparación de las comidas puede hacer que comer bien sea una experiencia agradable. Cocinar en casa nos permite ser creativos y adaptar las comidas a nuestros gustos y necesidades. Además, involucrar a la familia en la preparación de las comidas puede ser una excelente manera de pasar tiempo juntos y enseñar a los niños sobre la importancia de una alimentación equilibrada.

No debemos olvidar que la alimentación es solo una parte del bienestar. Combinar una dieta saludable con ejercicio regular, buen sueño y manejo del estrés puede potenciar aún más nuestros esfuerzos para vivir una vida equilibrada y saludable. Todo está interconectado; cuidar de nuestra alimentación puede tener un efecto positivo en otros aspectos de nuestra vida.

En conclusión, una alimentación saludable es esencial para nuestro bienestar general. Al elegir una variedad de alimentos nutritivos, mantener la hidratación, limitar los alimentos procesados y ser conscientes de nuestras necesidades y deseos, podemos mejorar nuestra salud física y mental. Este capítulo te ha ofrecido una visión general de cómo una alimentación equilibrada puede transformar tu vida. En los siguientes capítulos, exploraremos más estrategias y consejos para mantener y mejorar tu bienestar. ¡A disfrutar de una vida con bienestar y buena alimentación!

# La Importancia de la Hidratación

Mantenerse bien hidratado es esencial para nuestro bienestar general. El agua es fundamental para casi todas las funciones de nuestro cuerpo. Desde regular la temperatura corporal hasta eliminar toxinas, pasando por facilitar la digestión y mantener la piel saludable, el agua es vital. Sin embargo, muchas veces subestimamos su importancia y no bebemos suficiente agua a lo largo del día.

Nuestro cuerpo está compuesto en gran parte por agua, alrededor del 60%. Esto nos muestra lo crucial que es el agua para nuestro funcionamiento. Cada célula, tejido y órgano depende del agua para trabajar correctamente. Por ejemplo, el agua ayuda a transportar nutrientes y oxígeno a las células, permite la digestión de los alimentos, lubrica las articulaciones y protege órganos y tejidos sensibles. Sin una hidratación adecuada, todos estos procesos pueden verse afectados.

Uno de los principales beneficios de mantenerse hidratado es la regulación de la temperatura corporal. Cuando hacemos ejercicio, estamos expuestos al calor o simplemente estamos en movimiento, nuestro cuerpo transpira para enfriarse. Esta transpiración es esencial, pero también significa que estamos perdiendo agua. Si no reponemos esa pérdida de agua, podemos deshidratarnos. La deshidratación puede causar fatiga, mareos y otros problemas de salud. Beber suficiente agua ayuda a mantener una temperatura corporal estable y nos permite sentirnos más cómodos y energéticos.

El agua también juega un papel crucial en la digestión. Ayuda a descomponer los alimentos, lo que permite a nuestro cuerpo absorber los nutrientes de manera más eficiente. Además, el agua es esencial para prevenir el estreñimiento, ya que mantiene los intestinos funcionando correctamente. Beber suficiente agua facilita el paso de los alimentos a través del tracto digestivo y ayuda a que los residuos se eliminen de manera eficaz. Si no estamos bien hidratados, podemos experimentar problemas digestivos y malestar.

La hidratación adecuada también es clave para mantener una piel saludable. Nuestra piel es el órgano más grande del cuerpo y necesita agua para mantenerse elástica y suave. Cuando estamos deshidratados, nuestra piel puede volverse seca y propensa a arrugas. Beber suficiente agua puede mejorar la apariencia de nuestra piel, haciéndola lucir más fresca y radiante. Además, una piel bien hidratada es más resistente a las lesiones y se cura más rápidamente.

El cerebro también se beneficia enormemente de la hidratación. Aproximadamente el 75% de nuestro cerebro es agua, y mantenernos hidratados es esencial para una función cognitiva óptima. La deshidratación puede afectar negativamente nuestra concentración, memoria y estado de ánimo. Estudios han demostrado que incluso una deshidratación leve puede disminuir el rendimiento cognitivo. Beber agua regularmente nos ayuda a mantenernos enfocados, alertas y en un mejor estado de ánimo.

Para muchas personas, la pregunta es cuánta agua deben beber. La cantidad de agua que necesitamos puede variar según la edad, el género, el nivel de actividad física y el clima. Una recomendación común es beber al menos ocho vasos de agua al día, lo que equivale a unos dos litros. Sin embargo, algunas personas pueden necesitar más, especialmente si son muy activas o viven en climas cálidos. Una buena manera de asegurarnos de que estamos bien hidratados es prestar atención a nuestro cuerpo. La sed es una señal clara de que necesitamos agua, pero también podemos fijarnos en el color de nuestra orina: si es clara o de color amarillo pálido, generalmente estamos bien hidratados.

No solo el agua cuenta para nuestra ingesta diaria de líquidos. También podemos hidratarnos a través de otros líquidos y alimentos. Las frutas y verduras, como la sandía, el pepino y las naranjas, tienen un alto contenido de agua y pueden contribuir a nuestra hidratación. Las infusiones de hierbas, el té y las sopas también son buenas opciones. Sin embargo, es importante limitar las bebidas que pueden deshidratarnos, como las que contienen cafeína y alcohol. Aunque pueden parecer refrescantes, pueden tener un efecto diurético y aumentar la pérdida de líquidos.

Otro aspecto importante de la hidratación es mantener una rutina regular. Beber grandes cantidades de agua de una sola vez no es tan efectivo como beber pequeñas cantidades a lo largo del día. Mantener una botella de agua a mano y beber de ella con frecuencia puede ayudarnos a asegurarnos de que estamos recibiendo suficiente agua. También es útil establecer recordatorios para beber agua, especialmente si estamos ocupados y es fácil olvidarse.

La hidratación adecuada es especialmente importante durante el ejercicio. Cuando hacemos ejercicio, perdemos agua a través del sudor y necesitamos reponer esos líquidos para mantener nuestro rendimiento y evitar la deshidratación. Beber agua antes, durante y después del ejercicio puede ayudarnos a mantenernos hidratados y a recuperarnos más rápidamente. También es importante prestar atención a los electrolitos, que son minerales esenciales que perdemos a través del sudor. En actividades físicas intensas o de larga duración, una bebida deportiva puede ayudar a reponer tanto el agua como los electrolitos.

En conclusión, la hidratación es esencial para nuestro bienestar general. Beber suficiente agua y mantenernos hidratados nos ayuda a regular la temperatura corporal, mejorar la digestión, mantener la piel saludable, y apoyar la función cerebral. Al prestar atención a nuestra ingesta de líquidos y hacer de la hidratación una prioridad diaria, podemos mejorar significativamente nuestra salud y bienestar. Este capítulo ha explorado la importancia de la hidratación y cómo mantenernos bien hidratados. En los siguientes capítulos, continuaremos explorando más aspectos esenciales para vivir una vida con bienestar. ¡Sigamos hidratándonos y disfrutando de una vida plena y saludable!

# Ejercicio Físico y Bienestar

El ejercicio físico es fundamental para nuestro bienestar general. No solo mejora nuestra salud física, sino que también tiene un impacto positivo en nuestra salud mental y emocional. Hacer ejercicio regularmente puede ayudarnos a sentirnos más enérgicos, mejorar nuestro estado de ánimo y aumentar nuestra calidad de vida. Además, no se trata solo de pasar horas en el gimnasio; cualquier tipo de actividad física puede tener grandes beneficios.

Empecemos por entender cómo el ejercicio afecta nuestro cuerpo. Cuando nos movemos, nuestro corazón bombea más sangre, lo que mejora la circulación y ayuda a oxigenar nuestros músculos y órganos. Esto fortalece el corazón y los pulmones, y mejora nuestra resistencia. Además, el ejercicio regular puede ayudar a controlar el peso, reducir el riesgo de enfermedades crónicas como la diabetes y las enfermedades del corazón, y mejorar nuestra salud ósea y muscular.

El ejercicio también juega un papel crucial en la salud mental. Cuando hacemos ejercicio, nuestro cuerpo libera endorfinas, conocidas como las hormonas de la felicidad. Estas endorfinas actúan como analgésicos naturales y elevadores del estado de ánimo, lo que nos hace sentir más felices y relajados. Además, el ejercicio puede reducir los niveles de cortisol, la hormona del estrés, ayudándonos a manejar mejor el estrés y la ansiedad. Esto significa que hacer ejercicio regularmente puede ser una herramienta poderosa para mejorar nuestro bienestar emocional.

Una de las mejores cosas del ejercicio es que hay muchas formas de hacerlo, y podemos encontrar algo que realmente disfrutemos. No es necesario inscribirse en un gimnasio si eso no nos gusta. Caminar, correr, nadar, andar en bicicleta, bailar, practicar yoga o incluso jugar con los niños en el parque son excelentes formas de mantenerse activo. La clave es encontrar una actividad que nos guste y que podamos hacer de manera consistente. Cuando disfrutamos de lo que hacemos, es más probable que lo mantengamos a largo plazo.

El ejercicio no solo beneficia al cuerpo y la mente, sino que también puede ser una excelente manera de socializar y conectarse con los demás. Participar en deportes de equipo, clases de fitness grupales o simplemente salir a caminar con un amigo puede hacer que el ejercicio sea más divertido y nos permita construir relaciones sociales. Estas conexiones pueden proporcionar apoyo emocional y motivación, lo que es esencial para nuestro bienestar general.

Establecer una rutina de ejercicio puede parecer desafiante al principio, especialmente si no estamos acostumbrados a ser activos. Sin embargo, es importante empezar de a poco y aumentar gradualmente la cantidad de actividad. Incluso pequeñas cantidades de ejercicio pueden hacer una gran diferencia. Por ejemplo, comenzar con una caminata de 10 minutos al día e ir aumentando el tiempo y la intensidad con el tiempo. La consistencia es la clave, y cada pequeño paso cuenta.

Es importante también escuchar a nuestro cuerpo y no excedernos. El ejercicio debe ser un desafío, pero no debe causar dolor ni lesiones. Si experimentamos dolor, mareos o dificultad para respirar, es importante detenerse y buscar consejo médico si es necesario. Además, incorporar ejercicios de calentamiento y enfriamiento en nuestra rutina puede ayudar a prevenir lesiones y mejorar la flexibilidad.

El ejercicio no solo nos ayuda a estar en forma, sino que también puede mejorar nuestra calidad de sueño. La actividad física regular puede ayudarnos a conciliar el sueño más rápido y a disfrutar de un sueño más profundo y reparador. Un buen sueño es esencial para la recuperación muscular y el bienestar mental, lo que crea un ciclo positivo donde el ejercicio y el buen sueño se refuerzan mutuamente.

También es útil fijar metas realistas y alcanzables cuando se trata de ejercicio. Estas metas pueden ser tan simples como caminar 30 minutos al día, completar una carrera de 5 kilómetros o mejorar en una actividad específica, como nadar o andar en bicicleta. Al alcanzar estas metas, nos sentimos motivados y tenemos una sensación de logro que puede impulsar nuestra confianza y bienestar general.

El ejercicio también puede ser una forma excelente de conectar con la naturaleza. Salir a caminar o correr en un parque, hacer senderismo en las montañas o nadar en el mar nos permite disfrutar del aire fresco y la belleza natural. La naturaleza tiene un efecto calmante en nuestra mente y puede mejorar aún más los beneficios del ejercicio.

En conclusión, el ejercicio físico es una parte esencial del bienestar. Nos ayuda a mantenernos saludables, mejora nuestro estado de ánimo, reduce el estrés y nos permite disfrutar más de la vida. Encontrar una actividad que nos guste y hacerla parte de nuestra rutina diaria puede tener un impacto significativo en nuestra calidad de vida. No importa cuál sea nuestra edad o nivel de condición física, siempre podemos encontrar maneras de ser más activos y disfrutar de los beneficios del ejercicio. Este capítulo ha explorado cómo el ejercicio puede mejorar nuestro bienestar, y en los siguientes capítulos, continuaremos explorando más aspectos esenciales para vivir una vida con bienestar. ¡Ponte en movimiento y disfruta de una vida más saludable y feliz!

# Sueño Reparador

El sueño reparador es uno de los pilares fundamentales para nuestro bienestar general. Dormir bien no solo nos ayuda a sentirnos descansados y con energía al día siguiente, sino que también tiene un impacto profundo en nuestra salud física y mental. Un buen sueño es esencial para el funcionamiento óptimo de nuestro cuerpo y mente. Sin embargo, muchas personas subestiman la importancia del sueño y, como resultado, sufren las consecuencias de no dormir lo suficiente o de no tener una buena calidad de sueño.

Empecemos por entender por qué el sueño es tan crucial. Mientras dormimos, nuestro cuerpo lleva a cabo una serie de procesos vitales. Por ejemplo, se produce la reparación de tejidos, se fortalece el sistema inmunológico y se consolidan las memorias y aprendizajes del día. Nuestro cerebro también se beneficia del sueño, ya que elimina toxinas acumuladas y se prepara para un nuevo día de actividad. Sin el sueño adecuado, estos procesos se ven interrumpidos, lo que puede llevar a una variedad de problemas de salud.

Uno de los efectos más inmediatos de no dormir bien es la sensación de fatiga y falta de energía. Cuando no dormimos lo suficiente, es difícil concentrarse, tomar decisiones y ser productivo. La falta de sueño también puede afectar nuestro estado de ánimo, haciéndonos sentir irritables, ansiosos o incluso deprimidos. Con el tiempo, la privación de sueño puede aumentar el riesgo de desarrollar enfermedades crónicas como la hipertensión, la diabetes y las enfermedades del corazón. Además, puede debilitar nuestro sistema inmunológico, haciéndonos más susceptibles a infecciones.

Para mejorar la calidad de nuestro sueño, es importante establecer una rutina de sueño regular. Esto significa acostarse y levantarse a la misma hora todos los días, incluso los fines de semana. Nuestro cuerpo tiene un reloj interno, conocido como el ritmo circadiano, que regula nuestros ciclos de sueño y vigilia. Al mantener una rutina constante, podemos sincronizar nuestro reloj interno y mejorar la calidad de nuestro sueño. También es útil crear un ambiente relajante antes de dormir. Esto puede incluir actividades como leer un libro, tomar un baño caliente o practicar la meditación. Evitar el uso de dispositivos electrónicos al menos una hora antes de acostarse también es crucial, ya que la luz azul que emiten puede interferir con la producción de melatonina, la hormona del sueño.

La alimentación también juega un papel importante en la calidad del sueño. Comer comidas pesadas o picantes justo antes de acostarse puede causar malestar y dificultar el sueño. En su lugar, es mejor optar por una cena ligera y consumir alimentos que promuevan el sueño, como plátanos, almendras o un vaso de leche tibia. Estos alimentos contienen nutrientes que pueden ayudar a relajarse y conciliar el sueño más fácilmente. También es importante limitar la cafeína y el alcohol, ya que ambos pueden interferir con el sueño. La cafeína, presente en el café, el té y muchos refrescos, es un estimulante que puede mantenernos despiertos si se consume tarde en el día. El alcohol, aunque puede hacer que nos sintamos somnolientos al principio, puede interrumpir el sueño durante la noche y disminuir la calidad del descanso.

El entorno en el que dormimos también tiene un gran impacto en nuestra capacidad para descansar bien. Un dormitorio oscuro, fresco y silencioso es ideal para promover el sueño. Usar cortinas opacas para bloquear la luz, mantener la temperatura de la habitación fresca y usar tapones para los oídos o una máquina de ruido blanco puede ayudar a crear un ambiente propicio para el sueño. Un colchón y una almohada cómodos también son esenciales. Si no nos sentimos cómodos en la cama, es probable que nos despertemos con frecuencia durante la noche. Invertir en una buena cama puede marcar una gran diferencia en la calidad de nuestro sueño.

El ejercicio regular también puede mejorar la calidad del sueño. La actividad física ayuda a reducir el estrés y la ansiedad, lo que puede facilitar el sueño. Sin embargo, es importante no hacer ejercicio intenso justo antes de acostarse, ya que esto puede tener el efecto contrario y dificultar el sueño. En su lugar, es mejor hacer ejercicio por la mañana o por la tarde. Actividades como el yoga o una caminata tranquila por la noche pueden ser particularmente beneficiosas para relajarse y prepararse para dormir.

El manejo del estrés es otro aspecto crucial para lograr un sueño reparador. El estrés y la ansiedad pueden mantenernos despiertos por la noche, dándole vueltas a los problemas y preocupaciones del día. Desarrollar técnicas de manejo del estrés, como la meditación, la respiración profunda o escribir un diario, puede ayudarnos a liberar tensiones y preparar nuestra mente para descansar. Establecer una rutina de relajación antes de dormir puede ser especialmente útil. Esto podría incluir leer un libro, escuchar música suave o practicar ejercicios de respiración.

También es importante saber cuándo buscar ayuda profesional si estamos teniendo problemas para dormir. Si experimentamos insomnio crónico o si la falta de sueño está afectando seriamente nuestra vida diaria, puede ser útil hablar con un médico o un especialista en sueño. Pueden ayudarnos a identificar cualquier problema subyacente y ofrecer soluciones específicas para mejorar nuestro sueño.

En conclusión, el sueño reparador es esencial para nuestro bienestar general. Dormir bien mejora nuestra salud física, mental y emocional. Al establecer una rutina de sueño regular, crear un ambiente propicio para el descanso, mantener una alimentación adecuada, hacer ejercicio regularmente y manejar el estrés, podemos mejorar significativamente la calidad de nuestro sueño. Este capítulo ha explorado la importancia del sueño y cómo podemos lograr un descanso reparador. En los siguientes capítulos, continuaremos explorando más aspectos esenciales para vivir una vida con bienestar. ¡Dulces sueños y una vida más saludable y feliz!

# Manejo del Estrés

El manejo del estrés es esencial para llevar una vida con bienestar. El estrés es una respuesta natural del cuerpo a situaciones desafiantes o amenazantes. Aunque en pequeñas dosis puede ser beneficioso, motivándonos a actuar y a enfrentar problemas, el estrés crónico puede tener efectos negativos en nuestra salud física y mental. Por eso, aprender a manejar el estrés de manera efectiva es clave para nuestro bienestar.

Empecemos por entender qué es el estrés. Cuando enfrentamos una situación estresante, nuestro cuerpo entra en un estado de "lucha o huida". Esto significa que se liberan hormonas como el cortisol y la adrenalina, que aumentan nuestra frecuencia cardíaca, nos hacen respirar más rápido y preparan nuestros músculos para la acción. Esta respuesta es útil en situaciones de peligro inmediato, pero cuando estamos constantemente estresados, nuestro cuerpo se mantiene en este estado de alerta, lo cual puede ser perjudicial.

El estrés crónico puede afectar nuestra salud de muchas maneras. Puede causar dolores de cabeza, problemas digestivos, insomnio y fatiga. También puede debilitar nuestro sistema inmunológico, haciéndonos más susceptibles a enfermedades. A nivel emocional, el estrés puede llevar a la ansiedad, la depresión y la irritabilidad. Por eso es importante encontrar maneras de reducir el estrés y manejarlo de manera efectiva.

Una de las maneras más efectivas de manejar el estrés es mediante la práctica de la respiración profunda. Cuando estamos estresados, tendemos a respirar de manera superficial, lo que puede aumentar nuestra ansiedad. Practicar la respiración profunda puede ayudar a calmar el sistema nervioso y reducir el estrés. Intenta inhalar profundamente por la nariz, llenando tus pulmones de aire, y luego exhala lentamente por la boca. Repite este proceso varias veces hasta que te sientas más relajado.

La meditación es otra herramienta poderosa para el manejo del estrés. La meditación implica centrarse en el presente y dejar de lado las preocupaciones del pasado y el futuro. Hay muchas formas de meditación, pero una técnica simple es sentarse en un lugar tranquilo, cerrar los ojos y concentrarse en la respiración. Si tu mente empieza a divagar, simplemente vuelve tu atención a la respiración. Practicar la meditación durante unos minutos cada día puede tener un gran impacto en tu nivel de estrés.

El ejercicio físico también es una excelente manera de reducir el estrés. Cuando hacemos ejercicio, nuestro cuerpo libera endorfinas, que son hormonas que nos hacen sentir bien. El ejercicio regular puede mejorar nuestro estado de ánimo, aumentar nuestra energía y ayudar a combatir el estrés. No es necesario hacer un entrenamiento intenso; actividades como caminar, nadar o practicar yoga pueden ser muy beneficiosas.

Además del ejercicio, mantener un estilo de vida saludable en general puede ayudar a manejar el estrés. Esto incluye comer una dieta equilibrada, dormir lo suficiente y evitar el consumo excesivo de cafeína y alcohol. Una buena nutrición y un sueño adecuado pueden mejorar nuestra capacidad para enfrentar el estrés y mantenernos en un estado mental positivo.

El tiempo de ocio y las actividades recreativas también son importantes para el manejo del estrés. Hacer cosas que disfrutas, como leer, escuchar música, pintar o pasar tiempo con amigos y familiares, puede ayudarte a relajarte y desconectar de las preocupaciones diarias. Dedicar tiempo a tus pasatiempos y actividades recreativas puede darte un respiro del estrés y hacer que te sientas más equilibrado y feliz.

Otra estrategia útil para el manejo del estrés es aprender a decir "no". Muchas veces nos sentimos estresados porque asumimos demasiadas responsabilidades y compromisos. Aprender a establecer límites y no sobrecargarnos de tareas puede ayudarnos a reducir el estrés. No es necesario decir "sí" a todo; está bien priorizar nuestro bienestar y tomarnos tiempo para nosotros mismos.

La organización y la gestión del tiempo también pueden ser de gran ayuda. A menudo, el estrés proviene de sentirnos abrumados por la cantidad de cosas que tenemos que hacer. Hacer una lista de tareas, establecer prioridades y dividir grandes proyectos en pasos más pequeños puede hacer que nuestras responsabilidades sean más manejables. Además, tomarnos descansos regulares durante el día puede ayudarnos a mantenernos enfocados y evitar el agotamiento.

Hablar sobre nuestras preocupaciones con alguien de confianza puede ser muy liberador. Ya sea un amigo, un familiar o un terapeuta, compartir nuestros sentimientos y recibir apoyo puede ayudarnos a ver las cosas desde una perspectiva diferente y a encontrar soluciones a nuestros problemas. No tenemos que enfrentar el estrés solos; buscar apoyo es una parte importante del manejo del estrés.

El humor también puede ser una herramienta efectiva para combatir el estrés. Reírnos y encontrar el lado divertido de las situaciones puede ayudarnos a relajarnos y a ver las cosas de manera más positiva. Ver una película cómica, leer un libro divertido o simplemente pasar tiempo con personas que nos hacen reír puede levantar nuestro ánimo y reducir el estrés.

Finalmente, es importante recordar que el manejo del estrés es un proceso continuo. No hay una solución única que funcione para todos, y lo que funciona para una persona puede no ser efectivo para otra. Es importante probar diferentes estrategias y encontrar las que mejor se adapten a nosotros. También es importante ser pacientes con nosotros mismos y reconocer que está bien tener días difíciles. Lo importante es seguir practicando el autocuidado y hacer lo mejor que podamos para manejar el estrés.

En conclusión, el manejo del estrés es esencial para nuestro bienestar. A través de la respiración profunda, la meditación, el ejercicio, un estilo de vida saludable, el tiempo de ocio, la organización, el apoyo social y el humor, podemos reducir el estrés y mejorar nuestra calidad de vida. Este capítulo ha explorado diversas estrategias para manejar el estrés, y en los siguientes capítulos, continuaremos explorando más aspectos esenciales para vivir una vida con bienestar. ¡Adopta estas prácticas y disfruta de una vida más equilibrada y feliz!

# Salud Mental y Emocional

La salud mental y emocional es un componente crucial de nuestro bienestar general. No se trata solo de la ausencia de enfermedades mentales, sino de la presencia de pensamientos, sentimientos y comportamientos positivos que nos permiten manejar el estrés, relacionarnos bien con los demás y disfrutar de la vida. Al igual que cuidamos nuestro cuerpo, es esencial cuidar nuestra mente y nuestras emociones.

Para empezar, entendamos qué es la salud mental. La salud mental incluye nuestro bienestar emocional, psicológico y social. Afecta cómo pensamos, sentimos y actuamos. También determina cómo manejamos el estrés, nos relacionamos con los demás y tomamos decisiones. Una buena salud mental no significa que nunca experimentamos problemas emocionales. Todos enfrentamos desafíos, pero una persona con buena salud mental puede manejar estos desafíos de manera efectiva.

La autoestima es una parte fundamental de la salud mental. Tener una buena autoestima significa tener una visión positiva de uno mismo, valorarse y sentirse seguro en nuestras habilidades. La autoestima no es algo que se tenga o no se tenga; se puede trabajar y mejorar con el tiempo. Una forma de hacerlo es practicando la autocompasión, tratándonos a nosotros mismos con la misma amabilidad y comprensión que ofreceríamos a un amigo cercano. En lugar de ser críticos con nosotros mismos por nuestros errores, podemos reconocer que nadie es perfecto y que todos cometemos errores.

Las relaciones saludables también son vitales para nuestra salud mental y emocional. Tener conexiones fuertes con amigos, familiares y compañeros puede proporcionarnos apoyo emocional y un sentido de pertenencia. Es importante rodearnos de personas que nos hacen sentir bien, que nos apoyan y que nos valoran. Las relaciones tóxicas, por otro lado, pueden drenar nuestra energía y afectar negativamente nuestra salud mental. A veces, es necesario establecer límites y alejarnos de personas o situaciones que nos hacen daño.

El manejo de las emociones es otra habilidad esencial para la salud mental. Todos experimentamos una gama de emociones, desde la alegría hasta la tristeza, la ira y el miedo. Es importante reconocer y aceptar nuestras emociones en lugar de reprimirlas o ignorarlas. Podemos aprender a manejar nuestras emociones de manera saludable, expresándolas de manera adecuada y buscando formas constructivas de lidiar con ellas. Por ejemplo, hablar con alguien de confianza, escribir en un diario o practicar actividades creativas como el arte o la música puede ayudarnos a procesar nuestras emociones.

El autocuidado es un aspecto clave de la salud mental. Tomarnos tiempo para nosotros mismos, hacer cosas que disfrutamos y que nos relajan, puede mejorar nuestro bienestar emocional. El autocuidado puede ser tan simple como dar un paseo al aire libre, leer un buen libro, tomar un baño relajante o practicar un hobby. También es importante cuidar nuestro cuerpo, ya que la salud física y mental están interconectadas. Comer de manera equilibrada, hacer ejercicio regularmente y dormir lo suficiente son fundamentales para mantener una buena salud mental.

La práctica de la gratitud puede tener un impacto positivo en nuestra salud emocional.

Tomarnos unos minutos cada día para reflexionar sobre las cosas por las que estamos agradecidos puede ayudarnos a enfocarnos en lo positivo y a reducir el estrés y la ansiedad. Llevar un diario de gratitud, en el que escribimos tres cosas por las que estamos agradecidos cada día, puede ser una práctica simple pero poderosa para mejorar nuestro bienestar emocional.

La búsqueda de propósito y significado en la vida también es esencial para nuestra salud mental. Tener metas y objetivos que nos motiven y nos den un sentido de dirección puede proporcionarnos un profundo sentido de satisfacción y felicidad. No tiene que ser algo grandioso; puede ser algo tan simple como aprender una nueva habilidad, ayudar a los demás o seguir una pasión. Lo importante es que nos sentimos comprometidos y que nuestras acciones tienen un propósito.

La resiliencia es la capacidad de recuperarse de las adversidades y los desafíos. Desarrollar la resiliencia es crucial para mantener una buena salud mental. La resiliencia no significa que no nos afecten las dificultades, sino que tenemos la capacidad de enfrentarlas y superarlas. Podemos desarrollar la resiliencia construyendo una red de apoyo, manteniendo una actitud positiva, siendo flexibles y aprendiendo de nuestras experiencias.

Buscar ayuda cuando la necesitamos es una parte fundamental de cuidar nuestra salud mental. No hay vergüenza en pedir ayuda. Si nos sentimos abrumados, tristes o ansiosos durante un período prolongado, hablar con un profesional de la salud mental, como un psicólogo o un consejero, puede ser muy beneficioso. Ellos pueden proporcionarnos herramientas y estrategias para manejar nuestras emociones y mejorar nuestro bienestar.

El mindfulness, o atención plena, es otra práctica que puede mejorar nuestra salud mental. El mindfulness implica estar presentes en el momento, sin juzgar nuestras experiencias. Practicar el mindfulness puede ayudarnos a reducir el estrés, mejorar nuestra concentración y aumentar nuestra autoconciencia. Podemos practicar el mindfulness a través de la meditación, la respiración consciente o simplemente prestando atención a nuestras actividades diarias con plena conciencia.

En conclusión, la salud mental y emocional es esencial para nuestro bienestar general. Al cuidar nuestra autoestima, mantener relaciones saludables, manejar nuestras emociones, practicar el autocuidado, buscar gratitud, encontrar propósito, desarrollar resiliencia y buscar ayuda cuando la necesitamos, podemos mejorar significativamente nuestra salud mental y emocional. Este capítulo ha explorado diversas estrategias para cuidar nuestra salud mental, y en los siguientes capítulos, continuaremos explorando más aspectos esenciales para vivir una vida con bienestar. ¡Cuidemos nuestra mente y nuestras emociones para disfrutar de una vida más feliz y plena!

# Relaciones Saludables

Las relaciones saludables son fundamentales para nuestro bienestar. No solo nos proporcionan apoyo emocional, sino que también contribuyen a nuestra felicidad y sentido de pertenencia. Tener relaciones positivas con amigos, familiares y compañeros puede enriquecer nuestra vida de muchas maneras. Sin embargo, construir y mantener relaciones saludables requiere esfuerzo y atención.

Para empezar, es importante entender qué hace que una relación sea saludable. Las relaciones saludables se basan en el respeto mutuo, la confianza y la comunicación abierta. En una relación saludable, ambos individuos se sienten valorados y escuchados. Esto significa que se respetan las opiniones y sentimientos del otro, incluso si no siempre están de acuerdo. La confianza es esencial porque sin ella, es difícil sentirse seguro y cómodo en una relación. La comunicación abierta significa que ambos pueden expresar sus pensamientos y sentimientos de manera honesta y sin temor a ser juzgados.

La comunicación efectiva es la base de cualquier relación saludable. Esto implica no solo hablar, sino también escuchar activamente. Cuando alguien nos está hablando, es importante prestar atención, hacer preguntas y mostrar interés genuino en lo que están diciendo. Escuchar activamente ayuda a fortalecer la conexión y a evitar malentendidos. Además, es crucial ser claro y directo al expresar nuestras propias necesidades y sentimientos. Evitar la confrontación puede llevar a resentimientos acumulados, así que es mejor abordar los problemas de frente, pero de manera respetuosa.

La empatía también juega un papel crucial en las relaciones saludables. La empatía es la capacidad de ponerse en el lugar del otro y entender sus sentimientos y perspectivas. Practicar la empatía nos ayuda a ser más comprensivos y a construir relaciones más fuertes. Cuando mostramos empatía, le demostramos a la otra persona que nos importa y que estamos dispuestos a apoyarla. Esto puede fortalecer la confianza y el vínculo emocional entre ambos.

El tiempo de calidad es otro aspecto importante de las relaciones saludables. Dedicar tiempo a las personas que nos importan, ya sea pasando tiempo juntos, hablando por teléfono o simplemente enviando un mensaje para ver cómo están, puede fortalecer nuestras relaciones. No se trata de la cantidad de tiempo, sino de la calidad del tiempo que pasamos juntos. Hacer actividades que ambos disfruten, como ver una película, salir a caminar o cocinar juntos, puede ayudar a crear recuerdos positivos y a fortalecer la conexión.

El respeto a la individualidad también es crucial en una relación saludable. Aunque es importante pasar tiempo juntos, también es esencial respetar el espacio y la independencia del otro. Cada persona necesita tiempo para sí misma y para seguir sus propios intereses y pasiones. Respetar esto y apoyar al otro en sus actividades individuales puede fortalecer la relación y evitar la sensación de estar atrapado o dependiente.

La resolución de conflictos de manera constructiva es fundamental para mantener relaciones saludables. En cualquier relación, es normal que surjan desacuerdos y conflictos. La clave es cómo manejamos estos conflictos. En lugar de recurrir a ataques personales o a la evasión del problema, es importante abordar los conflictos con una actitud de solución. Buscar un terreno común, comprometerse y encontrar soluciones que sean aceptables para ambos puede ayudar a resolver los conflictos de manera positiva. Recordar que están en el mismo equipo y que el objetivo es fortalecer la relación puede cambiar la forma en que enfrentan los desacuerdos.

El perdón es una parte esencial de las relaciones saludables. Todos cometemos errores, y en ocasiones, podemos herir a quienes amamos, aunque no sea intencional. Aprender a perdonar y dejar ir los resentimientos es crucial para mantener una relación saludable. El perdón no significa olvidar lo que sucedió o justificar el comportamiento negativo, sino elegir seguir adelante sin llevar el peso del rencor. El perdón puede liberar ambas partes y permitir que la relación crezca y se fortalezca.

La gratitud también puede desempeñar un papel importante en las relaciones saludables.

Expresar gratitud y aprecio por las pequeñas y grandes cosas que la otra persona hace puede fortalecer el vínculo y aumentar la felicidad en la relación. Tomarse el tiempo para agradecer y reconocer los esfuerzos del otro puede hacer que se sientan valorados y motivados para seguir contribuyendo positivamente a la relación.

Es importante también saber reconocer las señales de una relación no saludable. Las relaciones tóxicas pueden afectar negativamente nuestro bienestar emocional y mental. Algunos signos de una relación tóxica incluyen el control, la manipulación, la falta de respeto, la comunicación negativa y la falta de apoyo. Si nos encontramos en una relación tóxica, es crucial buscar ayuda y considerar la posibilidad de alejarse de esa relación para proteger nuestra salud y bienestar.

El apoyo mutuo es una característica clave de las relaciones saludables. Estar allí para el otro en momentos de necesidad, ofrecer una mano amiga o simplemente estar presente puede fortalecer el vínculo. El apoyo no solo debe ser emocional, sino también práctico. Ayudar en tareas cotidianas, ofrecer un consejo o simplemente escuchar puede hacer una gran diferencia. Saber que tenemos a alguien en quien confiar y que nos apoyará en momentos difíciles es una fuente de gran confort y seguridad.

Finalmente, es importante recordar que las relaciones saludables requieren esfuerzo continuo. No son algo que se logra una vez y luego se deja de lado. Requieren mantenimiento y cuidado regular. Esto significa seguir trabajando en la comunicación, mostrar empatía, dedicar tiempo de calidad y resolver conflictos de manera constructiva. También significa estar dispuesto a adaptarse y crecer juntos, aceptando que las personas cambian con el tiempo y que las relaciones evolucionan.

En conclusión, las relaciones saludables son esenciales para nuestro bienestar general. Al basarse en el respeto mutuo, la confianza y la comunicación abierta, y al practicar la empatía, dedicar tiempo de calidad, respetar la individualidad, resolver conflictos de manera constructiva, practicar el perdón, expresar gratitud, reconocer las señales de una relación tóxica, brindar apoyo mutuo y mantener un esfuerzo continuo, podemos construir y mantener relaciones que nos enriquezcan y nos hagan sentir felices y apoyados. Este capítulo ha explorado los elementos clave de las relaciones saludables, y en los siguientes capítulos, continuaremos explorando más aspectos esenciales para vivir una vida con bienestar. ¡Cultivemos relaciones positivas y disfrutemos de una vida más plena y feliz!

# Alimentación y Estados de Ánimo

Lo que comemos tiene un impacto significativo en cómo nos sentimos. Nuestra alimentación no solo afecta nuestra salud física, sino también nuestro estado de ánimo y bienestar emocional. Los alimentos que consumimos pueden influir en nuestros niveles de energía, nuestra concentración y, sobre todo, en nuestras emociones. Entender la conexión entre la alimentación y los estados de ánimo es crucial para llevar una vida con bienestar.

Para empezar, es importante comprender que nuestro cerebro necesita ciertos nutrientes para funcionar correctamente. Estos nutrientes provienen de los alimentos que comemos. Por ejemplo, los carbohidratos, las proteínas y las grasas saludables son esenciales para el funcionamiento óptimo del cerebro. Los carbohidratos proporcionan glucosa, que es la principal fuente de energía para el cerebro. Las proteínas contienen aminoácidos, que son fundamentales para la producción de neurotransmisores, las sustancias químicas que transmiten señales en el cerebro. Las grasas saludables, como los ácidos grasos omega-3, son vitales para la estructura y función del cerebro.

Los carbohidratos tienen una relación directa con nuestro estado de ánimo. Los carbohidratos complejos, como los que se encuentran en los granos enteros, las frutas y las verduras, liberan glucosa de manera lenta y constante, proporcionando energía sostenida. Esto ayuda a mantener niveles estables de azúcar en la sangre, lo cual es crucial para evitar cambios bruscos en el estado de ánimo. Por otro lado, los carbohidratos simples, como los azúcares refinados y los alimentos procesados, pueden causar picos y caídas rápidas en los niveles de azúcar en la sangre, lo que puede llevar a sentirnos irritables, cansados y con cambios de humor.

Las proteínas también juegan un papel importante en la regulación del estado de ánimo. Los aminoácidos que se encuentran en las proteínas son necesarios para la producción de neurotransmisores como la serotonina, la dopamina y la norepinefrina. La serotonina, a menudo conocida como la "hormona de la felicidad", es fundamental para regular el estado de ánimo, el sueño y el apetito. Los alimentos ricos en triptófano, un aminoácido esencial que se encuentra en el pavo, el pollo, los huevos y los productos lácteos, pueden ayudar a aumentar los niveles de serotonina en el cerebro, promoviendo una sensación de bienestar.

Las grasas saludables son esenciales para el bienestar emocional. Los ácidos grasos omega-3, que se encuentran en pescados grasos como el salmón, las nueces y las semillas de chía, son especialmente importantes para la salud cerebral. Los omega-3 ayudan a reducir la inflamación en el cerebro y pueden mejorar los síntomas de la depresión y la ansiedad. Incorporar estas grasas saludables en nuestra dieta puede contribuir a una mejor salud mental y a un estado de ánimo más equilibrado.

Las vitaminas y los minerales también juegan un papel crucial en la regulación del estado de ánimo. Las vitaminas del complejo B, como la B6, B12 y el ácido fólico, son importantes para la producción de neurotransmisores y la función cerebral. La deficiencia de estas vitaminas puede llevar a problemas de memoria, fatiga y depresión. Los alimentos ricos en vitaminas del complejo B incluyen carnes magras, huevos, legumbres y verduras de hoja verde. Además, los minerales como el magnesio, el zinc y el hierro son esenciales para el funcionamiento del cerebro. El magnesio, que se encuentra en los frutos secos, las semillas y las verduras de hoja verde, puede ayudar a reducir el estrés y la ansiedad. El zinc y el hierro, presentes en las carnes magras, los mariscos y las legumbres, son necesarios para la producción de neurotransmisores y la función cognitiva.

La hidratación adecuada es otra clave para mantener un buen estado de ánimo. La deshidratación puede afectar negativamente nuestra capacidad de concentración, aumentar la fatiga y provocar irritabilidad. Beber suficiente agua a lo largo del día es esencial para mantener el equilibrio de fluidos en el cuerpo y apoyar el funcionamiento óptimo del cerebro. Asegurarse de beber al menos ocho vasos de agua al día puede marcar una gran diferencia en cómo nos sentimos.

Además de los nutrientes específicos, la calidad general de nuestra dieta también influye en nuestro estado de ánimo. Una dieta equilibrada, rica en frutas, verduras, granos enteros, proteínas magras y grasas saludables, proporciona los nutrientes necesarios para el funcionamiento óptimo del cerebro y el cuerpo. Evitar los alimentos procesados y azucarados, que a menudo carecen de nutrientes y pueden contribuir a cambios de humor y a la sensación de fatiga, es fundamental para mantener una buena salud mental y emocional.

Es importante tener en cuenta que la relación entre la alimentación y los estados de ánimo no es unidireccional. Así como nuestra dieta puede afectar cómo nos sentimos, nuestros estados de ánimo también pueden influir en nuestras elecciones alimenticias. Por ejemplo, cuando estamos estresados o tristes, podemos sentirnos tentados a buscar alimentos reconfortantes, que a menudo son altos en azúcar y grasas poco saludables. Estos alimentos pueden proporcionar un alivio temporal, pero a largo plazo pueden contribuir a una sensación de malestar y a problemas de salud.

Para mejorar nuestra relación con la comida y nuestro estado de ánimo, es útil adoptar una alimentación consciente. Esto significa prestar atención a lo que comemos, cómo comemos y por qué comemos. La alimentación consciente implica comer despacio, disfrutar de cada bocado y escuchar las señales de hambre y saciedad de nuestro cuerpo. También significa ser conscientes de cómo nos sentimos antes, durante y después de comer, y elegir alimentos que nos nutran y nos hagan sentir bien.

Finalmente, es importante recordar que cada persona es única y que lo que funciona para una persona puede no funcionar para otra. Es posible que necesitemos experimentar con diferentes alimentos y patrones de alimentación para encontrar lo que mejor se adapta a nuestras necesidades y preferencias. Consultar con un nutricionista o un profesional de la salud puede ser útil para recibir orientación personalizada y asegurarnos de que estamos cubriendo nuestras necesidades nutricionales.

En conclusión, la alimentación juega un papel crucial en nuestros estados de ánimo y bienestar emocional. Al consumir una dieta equilibrada, rica en nutrientes esenciales como carbohidratos complejos, proteínas, grasas saludables, vitaminas y minerales, y al mantenernos bien hidratados, podemos apoyar nuestro bienestar mental y emocional. Adoptar una alimentación consciente y prestar atención a cómo nos afectan los alimentos puede ayudarnos a sentirnos mejor y a llevar una vida más equilibrada y feliz. Este capítulo ha explorado la conexión entre la alimentación y los estados de ánimo, y en los siguientes capítulos, continuaremos explorando más aspectos esenciales para vivir una vida con bienestar. ¡Comamos bien para sentirnos bien y disfrutar de una vida plena y saludable!

# La Importancia del Tiempo Libre

El tiempo libre es esencial para nuestro bienestar y felicidad. En una sociedad que valora la productividad y el trabajo constante, a menudo subestimamos la importancia de tomarnos un descanso y dedicar tiempo a actividades que disfrutamos. Sin embargo, el tiempo libre no solo es un lujo; es una necesidad vital para nuestro equilibrio emocional, mental y físico.

El tiempo libre nos proporciona una oportunidad para desconectar del estrés y las demandas diarias. El estrés crónico puede tener efectos negativos en nuestra salud, incluyendo problemas de sueño, ansiedad, depresión y enfermedades físicas. Dedicar tiempo a relajarnos y a hacer actividades que nos gusten nos ayuda a reducir el estrés y a recargar nuestras energías. Cuando nos permitimos descansar, nuestro cuerpo y mente tienen la oportunidad de recuperarse y renovarse, lo que nos hace más resilientes y mejor preparados para enfrentar los desafíos de la vida.

Además, el tiempo libre es crucial para nuestra creatividad y desarrollo personal. Cuando nos tomamos un descanso del trabajo y las responsabilidades, nuestra mente tiene la libertad de vagar y explorar nuevas ideas. Muchas personas encuentran que sus mejores ideas y soluciones creativas surgen cuando están relajadas y no concentradas en resolver problemas específicos. Participar en hobbies y actividades creativas, como pintar, escribir, tocar un instrumento o cocinar, puede estimular nuestra imaginación y darnos un sentido de logro y satisfacción.

Las actividades de ocio también juegan un papel importante en nuestra salud física. El ejercicio físico, por ejemplo, es una excelente forma de pasar el tiempo libre y tiene numerosos beneficios para la salud. Actividades como caminar, nadar, andar en bicicleta o practicar deportes no solo mejoran nuestra condición física, sino que también liberan endorfinas, las hormonas de la felicidad, que mejoran nuestro estado de ánimo. Además, el ejercicio regular puede reducir el riesgo de enfermedades crónicas, mejorar la calidad del sueño y aumentar nuestra energía.

El tiempo libre también es fundamental para fortalecer nuestras relaciones sociales. Pasar tiempo con amigos y familiares, sin las distracciones del trabajo y otras responsabilidades, nos permite conectar de manera más profunda y significativa. Las actividades compartidas, como jugar juegos, hacer excursiones o simplemente conversar, pueden fortalecer los lazos y crear recuerdos felices. Las relaciones sociales saludables son esenciales para nuestro bienestar emocional y nos proporcionan un sistema de apoyo en momentos de necesidad.

La importancia del tiempo libre se extiende también a la oportunidad de aprender y crecer. Usar el tiempo libre para explorar nuevos intereses y adquirir nuevas habilidades puede enriquecer nuestra vida y darnos una sensación de propósito. Aprender un nuevo idioma, tomar clases de baile, leer libros sobre temas que nos interesan o viajar a nuevos lugares son formas de expandir nuestros horizontes y desarrollar nuestras capacidades. Este crecimiento personal contribuye a nuestra autoestima y nos ayuda a sentirnos más realizados y felices.

Es importante mencionar que el tiempo libre no debe verse como un desperdicio de tiempo. Al contrario, es una inversión en nuestro bienestar y productividad a largo plazo. Cuando nos tomamos el tiempo para descansar y disfrutar, volvemos a nuestras tareas diarias con una mente más clara y renovada, lo que nos permite ser más eficientes y efectivos en nuestro trabajo y en nuestras responsabilidades.

Para aprovechar al máximo nuestro tiempo libre, es útil planificarlo y priorizarlo. En nuestras agendas ocupadas, es fácil dejar el tiempo libre en segundo plano. Sin embargo, es esencial reservar momentos específicos para actividades de ocio y relajación. Esto puede implicar establecer límites claros entre el trabajo y el tiempo personal, y asegurarnos de que no estamos constantemente disponibles para tareas laborales fuera de nuestro horario de trabajo. Crear un equilibrio entre las responsabilidades y el tiempo libre es clave para mantener una vida saludable y equilibrada.

Es importante también escuchar a nuestro cuerpo y mente y reconocer cuándo necesitamos un descanso. Ignorar los signos de agotamiento puede llevar a un agotamiento emocional y físico. Tomarnos descansos regulares, aunque sean breves, durante el día puede ayudar a mantener nuestros niveles de energía y a prevenir el estrés acumulado. Incluso unos minutos de meditación, respiración profunda o una breve caminata pueden marcar una gran diferencia en cómo nos sentimos.

Además, es esencial que el tiempo libre sea verdaderamente relajante y disfrutable. No se trata solo de hacer actividades que nos gusten, sino también de evitar aquellas que nos causen estrés o nos agoten. Por ejemplo, aunque las redes sociales pueden ser una forma de entretenimiento, también pueden ser una fuente de estrés y comparación negativa. Es importante ser conscientes de cómo usamos nuestro tiempo libre y elegir actividades que realmente nos hagan sentir bien y nos relajen.

Finalmente, es fundamental recordar que el tiempo libre es personal y varía de una persona a otra. Lo que es relajante y disfrutable para una persona puede no serlo para otra. Algunas personas pueden encontrar la paz en la naturaleza, mientras que otras pueden disfrutar más de una actividad social o creativa. Lo importante es identificar lo que nos hace sentir bien y asegurarnos de dedicar tiempo a esas actividades regularmente.

En conclusión, el tiempo libre es una parte esencial de una vida con bienestar. Nos permite relajarnos, reducir el estrés, estimular nuestra creatividad, mejorar nuestra salud física, fortalecer nuestras relaciones sociales y crecer como individuos. Al priorizar y planificar nuestro tiempo libre, podemos disfrutar de sus numerosos beneficios y vivir una vida más equilibrada y feliz. Este capítulo ha explorado la importancia del tiempo libre, y en los siguientes capítulos, continuaremos explorando más aspectos esenciales para vivir una vida con bienestar. ¡Tomémonos el tiempo para disfrutar y cuidar de nosotros mismos!

# Bienestar Financiero

El bienestar financiero es un componente esencial de una vida equilibrada y feliz. Tener nuestras finanzas en orden no solo nos proporciona seguridad y tranquilidad, sino que también nos permite disfrutar de la vida sin la constante preocupación por el dinero. Sin embargo, alcanzar el bienestar financiero requiere planificación, disciplina y una comprensión clara de nuestras metas y prioridades económicas.

Para empezar, es crucial entender qué significa realmente el bienestar financiero. No se trata solo de ganar mucho dinero, sino de saber gestionar nuestros ingresos y gastos de manera efectiva. Esto incluye tener un presupuesto claro, ahorrar para el futuro, invertir de manera inteligente y, lo más importante, evitar las deudas innecesarias. La estabilidad financiera nos da la libertad de tomar decisiones sin el estrés constante de la inseguridad económica.

El primer paso hacia el bienestar financiero es crear un presupuesto. Un presupuesto nos ayuda a entender cuánto dinero entra y cuánto sale cada mes. Esto nos permite ver dónde estamos gastando demasiado y dónde podemos recortar gastos. Para hacer un presupuesto, anota todos tus ingresos y luego lista todos tus gastos, desde los más grandes como el alquiler o la hipoteca, hasta los más pequeños como el café diario. Al tener una visión clara de tus finanzas, puedes tomar decisiones informadas y evitar gastos innecesarios.

Una vez que tengas un presupuesto, el siguiente paso es ahorrar. Ahorrar dinero regularmente es esencial para alcanzar el bienestar financiero. No se trata solo de tener un fondo para emergencias, aunque esto es muy importante, sino también de ahorrar para metas a largo plazo como la jubilación, la educación de los hijos o la compra de una casa. Un buen objetivo es ahorrar al menos el 20% de tus ingresos mensuales. Para hacerlo más fácil, puedes automatizar tus ahorros transfiriendo automáticamente una parte de tu salario a una cuenta de ahorros cada mes.

Inversiones inteligentes también son clave para el bienestar financiero. Invertir tu dinero te permite hacerlo crecer con el tiempo. Existen muchas formas de inversión, desde acciones y bonos hasta bienes raíces y fondos mutuos. La clave es diversificar tus inversiones para reducir el riesgo y aumentar las posibilidades de obtener buenos rendimientos. Si no estás seguro de por dónde empezar, considera consultar a un asesor financiero que pueda ayudarte a crear una estrategia de inversión adaptada a tus metas y tolerancia al riesgo.

Otro aspecto importante del bienestar financiero es evitar las deudas innecesarias. No todas las deudas son malas; algunas, como una hipoteca para comprar una casa, pueden ser inversiones valiosas. Sin embargo, las deudas de alto interés, como las de las tarjetas de crédito, pueden convertirse rápidamente en una carga financiera. Es importante usar el crédito con responsabilidad y pagar las deudas a tiempo para evitar intereses y cargos adicionales. Si ya tienes deudas, crea un plan para pagarlas lo más rápido posible, empezando por las de mayor interés.

La educación financiera también juega un papel crucial en el bienestar financiero. Cuanto más sepas sobre cómo gestionar tu dinero, más fácil será tomar decisiones financieras acertadas.

Esto puede incluir leer libros sobre finanzas personales, tomar cursos en línea, asistir a talleres financieros o simplemente hablar con expertos en la materia. La educación financiera te empodera para tomar el control de tus finanzas y evitar errores comunes que pueden costar caro a largo plazo.

La planificación para el futuro es otra pieza fundamental del bienestar financiero. Esto incluye no solo ahorrar para la jubilación, sino también planificar para otros eventos importantes de la vida, como la educación de los hijos, viajes y otras metas personales. Utiliza herramientas como las cuentas de jubilación y los planes de ahorro educativo para asegurarte de que estás preparado para el futuro. Además, tener un seguro adecuado, como seguro de salud, seguro de vida y seguro de propiedad, puede protegerte de gastos inesperados y proporcionar tranquilidad.

Es importante también considerar la importancia de vivir dentro de nuestras posibilidades. En una era de consumismo, es fácil caer en la trampa de gastar más de lo que ganamos. Sin embargo, esto solo conduce a deudas y estrés financiero. Vivir dentro de nuestras posibilidades significa ser consciente de nuestros hábitos de gasto y priorizar las necesidades sobre los deseos. Esto no significa que no podamos darnos un capricho de vez en cuando, sino que debemos hacerlo de manera planificada y sin comprometer nuestra estabilidad financiera.

Otro aspecto del bienestar financiero es la importancia de tener un fondo de emergencia. La vida está llena de imprevistos, y tener un fondo de emergencia puede ser un salvavidas en situaciones difíciles, como la pérdida de empleo, una enfermedad inesperada o reparaciones urgentes en el hogar. Un fondo de emergencia idealmente debería cubrir entre tres y seis meses de gastos básicos. Tener este colchón financiero nos proporciona tranquilidad y nos permite enfrentar imprevistos sin recurrir a deudas.

El bienestar financiero también implica tener una mentalidad positiva hacia el dinero. A menudo, nuestras emociones y creencias sobre el dinero pueden influir en nuestras decisiones financieras. Es importante desarrollar una relación saludable con el dinero, viendo el ahorro y la inversión como oportunidades para crecer y asegurar nuestro futuro, en lugar de como sacrificios. Una mentalidad positiva nos ayuda a mantenernos motivados y comprometidos con nuestras metas financieras.

Finalmente, es importante recordar que el bienestar financiero es un proceso continuo. No se trata de alcanzar un objetivo y luego olvidarlo, sino de seguir gestionando nuestras finanzas de manera responsable a lo largo de nuestra vida. Revisar regularmente nuestro presupuesto, ajustar nuestras metas y adaptarnos a los cambios en nuestras circunstancias es crucial para mantener una buena salud financiera a largo plazo.

En conclusión, el bienestar financiero es una parte esencial de una vida con bienestar. Al crear un presupuesto, ahorrar regularmente, invertir de manera inteligente, evitar deudas innecesarias, educarnos sobre finanzas, planificar para el futuro, vivir dentro de nuestras posibilidades, tener un fondo de emergencia y mantener una mentalidad positiva hacia el dinero, podemos alcanzar la estabilidad y seguridad financiera. Este capítulo ha explorado los elementos clave del bienestar financiero, y en los siguientes capítulos, continuaremos explorando más aspectos esenciales para vivir una vida con bienestar. ¡Tomemos el control de nuestras finanzas y disfrutemos de una vida más segura y feliz!

# Espiritualidad y Bienestar

La espiritualidad es un componente esencial del bienestar que a menudo se pasa por alto. No se trata solo de seguir una religión o creencias específicas, sino de encontrar un sentido de propósito y conexión en la vida. La espiritualidad puede tener muchas formas diferentes y significar cosas distintas para cada persona, pero en su esencia, nos ayuda a sentirnos más completos, en paz y en armonía con nosotros mismos y con el mundo que nos rodea.

Para muchas personas, la espiritualidad es una fuente de fortaleza y consuelo en tiempos difíciles. Nos brinda un sentido de pertenencia y de conexión con algo más grande que nosotros mismos, ya sea una deidad, la naturaleza, el universo o una comunidad de personas con creencias similares. Esta conexión nos ayuda a enfrentar los desafíos de la vida con más serenidad y confianza, sabiendo que no estamos solos y que hay un propósito más profundo en nuestras experiencias.

La espiritualidad también nos ofrece una forma de explorar y entender nuestras emociones y pensamientos más profundos. A través de prácticas espirituales como la meditación, la oración, la reflexión y el tiempo en la naturaleza, podemos encontrar momentos de calma y claridad en medio del caos diario. Estas prácticas nos permiten desconectar de las preocupaciones mundanas y enfocarnos en nuestro interior, ayudándonos a encontrar paz y equilibrio.

Uno de los beneficios más importantes de la espiritualidad es su capacidad para reducir el estrés y la ansiedad. En un mundo acelerado y lleno de presiones, encontrar tiempo para conectar con nuestro lado espiritual puede ser un refugio. La meditación, por ejemplo, ha demostrado científicamente que reduce los niveles de estrés, mejora la concentración y promueve un estado de bienestar general. La oración y otras formas de devoción también pueden tener efectos similares, proporcionando un espacio para la gratitud, la esperanza y la paz interior.

Además, la espiritualidad nos anima a vivir de acuerdo con nuestros valores y principios. Al reflexionar sobre lo que es verdaderamente importante para nosotros, podemos tomar decisiones más alineadas con nuestros ideales y propósito de vida. Esto nos ayuda a vivir de una manera más auténtica y significativa, lo cual es esencial para nuestro bienestar emocional y mental. Vivir en armonía con nuestros valores nos da una sensación de satisfacción y nos ayuda a evitar el estrés y la ansiedad que pueden surgir de la incongruencia entre nuestras acciones y nuestras creencias.

La espiritualidad también fomenta la compasión y el amor hacia los demás. Al sentirnos conectados con algo más grande que nosotros mismos, es más probable que tratemos a los demás con amabilidad y respeto. Esto no solo mejora nuestras relaciones personales, sino que también contribuye a un sentido de comunidad y apoyo mutuo. Las relaciones saludables y significativas son fundamentales para nuestro bienestar, y la espiritualidad nos ayuda a cultivar estas conexiones de manera más profunda y genuina.

Explorar la espiritualidad también nos invita a ser más conscientes del presente. Muchas prácticas espirituales, como la meditación y la atención plena, se centran en estar presentes en el momento y apreciar la belleza y la simplicidad de la vida cotidiana. Esta conciencia del presente nos ayuda a disfrutar más de la vida, a reducir el estrés por preocupaciones futuras y a sentirnos más agradecidos por lo que tenemos. La gratitud, en particular, es una práctica espiritual poderosa que puede transformar nuestra perspectiva y aumentar nuestra felicidad.

Es importante destacar que la espiritualidad es una experiencia profundamente personal y única para cada individuo. No hay una manera correcta o incorrecta de ser espiritual. Algunas personas encuentran espiritualidad en la religión organizada, mientras que otras la encuentran en la naturaleza, en la práctica artística, en la música, en el servicio a los demás o en la búsqueda del conocimiento. Lo crucial es encontrar lo que resuena con nosotros y nos ayuda a sentirnos más conectados y en paz.

Para aquellos que no tienen una práctica espiritual establecida, puede ser útil explorar diferentes caminos y ver qué les habla más. Esto podría incluir leer libros sobre espiritualidad, asistir a servicios religiosos, practicar yoga o tai chi, pasar tiempo en la naturaleza, o simplemente dedicar unos minutos al día para la meditación o la reflexión. La exploración espiritual es un viaje continuo y personal, y es importante ser paciente y abierto a nuevas experiencias.

En resumen, la espiritualidad es un componente vital del bienestar que nos ayuda a encontrar un sentido de propósito, paz y conexión en la vida. A través de prácticas espirituales, podemos reducir el estrés, vivir de acuerdo con nuestros valores, cultivar la compasión y el amor hacia los demás, y ser más conscientes del presente. La espiritualidad nos ofrece una manera de explorar y entender nuestras emociones y pensamientos más profundos, y nos proporciona una fuente de fortaleza y consuelo en tiempos difíciles. Al integrar la espiritualidad en nuestras vidas, podemos alcanzar un mayor bienestar y una vida más plena y significativa.

Este capítulo ha explorado la importancia de la espiritualidad para el bienestar, y en los siguientes capítulos, continuaremos explorando más aspectos esenciales para vivir una vida con bienestar. ¡Encuentra tu camino espiritual y descubre cómo puede enriquecer tu vida y proporcionarte una profunda sensación de paz y felicidad!

# Ambiente y Bienestar

El ambiente en el que vivimos y nos desenvolvemos tiene un impacto significativo en nuestro bienestar. Nuestro entorno puede influir en cómo nos sentimos, cómo pensamos y cómo actuamos. Desde la calidad del aire que respiramos hasta la organización de nuestro espacio personal, cada aspecto de nuestro entorno contribuye a nuestro bienestar físico, mental y emocional. Crear y mantener un ambiente saludable y positivo es fundamental para vivir una vida plena y equilibrada.

Uno de los aspectos más importantes del ambiente es la calidad del aire. Respirar aire limpio es esencial para nuestra salud. La contaminación del aire puede causar una serie de problemas de salud, desde enfermedades respiratorias hasta problemas cardiovasculares. Por eso, es importante tomar medidas para mejorar la calidad del aire en nuestros hogares y lugares de trabajo. Esto puede incluir el uso de purificadores de aire, mantener las ventanas abiertas para permitir la ventilación y evitar el uso de productos químicos tóxicos que puedan liberar contaminantes en el aire. Además, plantar árboles y mantener plantas en casa puede ayudar a purificar el aire y mejorar la calidad del ambiente.

La organización y limpieza de nuestro espacio personal también juegan un papel crucial en nuestro bienestar. Un espacio desordenado y sucio puede generar estrés, ansiedad y dificultades para concentrarse. Mantener un entorno ordenado y limpio nos ayuda a sentirnos más tranquilos y en control. Esto no significa que todo deba estar impecable todo el tiempo, pero dedicar tiempo regularmente a organizar y limpiar nuestro espacio puede hacer una gran diferencia en cómo nos sentimos. Además, deshacerse de cosas que ya no necesitamos o usamos puede crear un ambiente más espacioso y libre de estrés.

La luz natural es otro factor importante del ambiente que afecta nuestro bienestar. La exposición a la luz natural no solo mejora nuestro estado de ánimo, sino que también regula nuestro ritmo circadiano, lo que nos ayuda a dormir mejor y a sentirnos más alertas y enérgicos durante el día. Tratar de pasar tiempo al aire libre, abrir las cortinas y persianas durante el día y, si es necesario, usar lámparas que imiten la luz natural, puede tener un impacto positivo en nuestro bienestar.

Los colores que nos rodean también pueden influir en nuestro estado de ánimo y bienestar. Los colores tienen el poder de afectar nuestras emociones de diferentes maneras. Por ejemplo, los colores suaves y neutros como el azul y el verde pueden tener un efecto calmante, mientras que los colores brillantes como el rojo y el amarillo pueden energizarnos y mejorar nuestro ánimo. Elegir colores que nos hagan sentir bien y que se adapten a las diferentes funciones de los espacios en nuestro hogar puede contribuir a un ambiente más armonioso y agradable.

El sonido es otro aspecto del ambiente que puede afectar nuestro bienestar. Los ruidos fuertes y constantes pueden causar estrés y afectar nuestra capacidad para concentrarnos y relajarnos. Por otro lado, los sonidos suaves y agradables, como la música tranquila, el canto de los pájaros o el sonido del agua, pueden tener un efecto calmante y rejuvenecedor. Crear un ambiente sonoro que favorezca la relajación y la concentración puede mejorar significativamente nuestra calidad de vida.

La presencia de la naturaleza en nuestro entorno también es fundamental para nuestro bienestar. Numerosos estudios han demostrado que pasar tiempo en la naturaleza puede reducir el estrés, mejorar el estado de ánimo y aumentar la sensación de bienestar general. Si vivimos en un área urbana, podemos intentar incorporar elementos de la naturaleza en nuestro entorno, como plantas de interior, jardines en macetas o acuarios. También es beneficioso tomar tiempo regularmente para visitar parques, jardines y otros espacios verdes donde podamos conectarnos con la naturaleza y disfrutar de su belleza y serenidad.

La temperatura y la ventilación de nuestro entorno también son cruciales para nuestro bienestar. Un ambiente demasiado caliente o frío puede causar incomodidad y afectar nuestra salud. Mantener una temperatura agradable y constante, así como asegurar una buena ventilación, nos ayuda a sentirnos más cómodos y a prevenir problemas de salud relacionados con las temperaturas extremas. Utilizar ventiladores, calefactores o sistemas de aire acondicionado de manera adecuada puede contribuir a mantener un ambiente saludable y cómodo.

El mobiliario y la disposición de nuestro espacio también pueden influir en nuestro bienestar. Un entorno bien diseñado y cómodo puede mejorar nuestra productividad, creatividad y bienestar general. Elegir muebles ergonómicos que apoyen una buena postura, disponer el espacio de manera que facilite el movimiento y la interacción, y crear zonas dedicadas a diferentes actividades, como trabajar, relajarse y socializar, puede hacer que nuestro entorno sea más funcional y agradable.

La tecnología también juega un papel importante en nuestro ambiente. Aunque la tecnología puede ser una herramienta valiosa, su uso excesivo o inapropiado puede afectar negativamente nuestro bienestar. Pasar demasiado tiempo frente a las pantallas puede causar fatiga visual, problemas de sueño y aumentar el estrés. Es importante establecer límites y tomar descansos regulares de la tecnología para mantener un equilibrio saludable. Crear espacios libres de tecnología, como áreas de descanso o dormitorios, puede ayudarnos a desconectar y relajarnos.

Finalmente, el ambiente emocional de nuestro entorno también es crucial para nuestro bienestar. Un ambiente positivo y de apoyo nos ayuda a sentirnos seguros, valorados y motivados. Esto incluye rodearnos de personas que nos apoyan y nos hacen sentir bien, así como crear un ambiente que refleje nuestros valores y aspiraciones. La comunicación abierta y respetuosa, el reconocimiento y la gratitud, y la creación de un entorno inclusivo y acogedor son esenciales para un ambiente emocional saludable.

En conclusión, el ambiente en el que vivimos y nos desenvolvemos tiene un impacto significativo en nuestro bienestar. Desde la calidad del aire hasta la organización de nuestro espacio, cada aspecto de nuestro entorno contribuye a nuestro bienestar físico, mental y emocional. Crear y mantener un ambiente saludable y positivo es fundamental para vivir una vida plena y equilibrada. Al tomar medidas para mejorar nuestro entorno, podemos disfrutar de una mayor tranquilidad, felicidad y satisfacción en nuestra vida diaria. Este capítulo ha explorado la importancia del ambiente para el bienestar, y en los siguientes capítulos, continuaremos explorando más aspectos esenciales para vivir una vida con bienestar. ¡Crea un entorno que te haga sentir bien y disfruta de una vida más armoniosa y equilibrada!

# Nutrición y Desintoxicación

La nutrición y la desintoxicación son dos aspectos fundamentales para mantener una vida con bienestar. La forma en que nos alimentamos y cómo ayudamos a nuestro cuerpo a eliminar las toxinas tienen un impacto directo en nuestra salud física, mental y emocional. En este capítulo, exploraremos cómo una buena nutrición y prácticas de desintoxicación pueden ayudarnos a sentirnos mejor, tener más energía y llevar una vida más saludable.

Comencemos por la nutrición. Comer de manera saludable no solo significa elegir alimentos nutritivos, sino también comprender cómo estos alimentos afectan nuestro cuerpo y mente. Una dieta equilibrada debe incluir una variedad de nutrientes esenciales, como proteínas, carbohidratos, grasas saludables, vitaminas y minerales. Cada uno de estos nutrientes juega un papel crucial en el mantenimiento de nuestras funciones corporales, desde la construcción y reparación de tejidos hasta el suministro de energía y el apoyo al sistema inmunológico.

Las proteínas son los bloques de construcción de nuestro cuerpo. Están presentes en alimentos como carnes magras, pescado, huevos, legumbres y nueces. Consumir suficiente proteína es vital para mantener y reparar los tejidos musculares, producir enzimas y hormonas, y mantener un sistema inmunológico saludable. Además, las proteínas nos ayudan a sentirnos saciados por más tiempo, lo que puede ser útil para controlar el peso.

Los carbohidratos son la principal fuente de energía de nuestro cuerpo. Se encuentran en alimentos como frutas, verduras, granos enteros y legumbres. Es importante elegir carbohidratos complejos, que se digieren más lentamente y proporcionan energía sostenida, en lugar de carbohidratos simples, que pueden causar picos rápidos de azúcar en la sangre seguidos de caídas. Los carbohidratos complejos también contienen fibra, que es esencial para una digestión saludable.

Las grasas saludables son igualmente importantes para una buena nutrición. Se encuentran en alimentos como aguacates, nueces, semillas, aceite de oliva y pescado graso. Estas grasas son esenciales para la absorción de vitaminas liposolubles (A, D, E y K), la producción de hormonas y la protección de nuestros órganos. Las grasas saludables también pueden ayudar a reducir el riesgo de enfermedades del corazón y mejorar la salud cerebral.

Las vitaminas y minerales son micronutrientes que nuestro cuerpo necesita en pequeñas cantidades pero que son esenciales para numerosas funciones corporales. Las frutas y verduras son excelentes fuentes de estos nutrientes. Comer una amplia variedad de colores en nuestras frutas y verduras nos asegura que estamos obteniendo una gama completa de vitaminas y minerales necesarios para nuestro bienestar. Por ejemplo, las naranjas y otros cítricos son ricos en vitamina C, que fortalece el sistema inmunológico, mientras que las espinacas y otras verduras de hoja verde contienen hierro, necesario para la producción de glóbulos rojos.

Además de una dieta equilibrada, la desintoxicación es un proceso importante para mantener nuestro cuerpo limpio y funcionando de manera óptima. Nuestro cuerpo tiene sus propios sistemas de desintoxicación, principalmente el hígado, los riñones, los pulmones y la piel. Sin embargo, en el mundo moderno, estamos expuestos a una gran cantidad de toxinas a través del aire que respiramos, los alimentos que comemos y los productos que usamos. Ayudar a nuestro cuerpo a eliminar estas toxinas puede mejorar nuestra salud y bienestar.

Una forma efectiva de apoyar la desintoxicación natural de nuestro cuerpo es mantenerse bien hidratado. Beber suficiente agua ayuda a los riñones a eliminar las toxinas a través de la orina. También mantiene la piel hidratada y facilita la digestión. Se recomienda beber al menos ocho vasos de agua al día, aunque la cantidad puede variar según las necesidades individuales y el nivel de actividad.

Comer alimentos ricos en antioxidantes es otra manera de ayudar a nuestro cuerpo a desintoxicarse. Los antioxidantes son compuestos que protegen nuestras células del daño causado por los radicales libres, que son moléculas inestables que pueden causar enfermedades crónicas. Las frutas y verduras de colores vivos, como las bayas, las uvas, las zanahorias y los pimientos, son excelentes fuentes de antioxidantes. Incorporar estos alimentos en nuestra dieta diaria puede ayudar a nuestro cuerpo a combatir el daño celular y mantenerse saludable.

Las fibras también juegan un papel crucial en la desintoxicación. La fibra soluble, que se encuentra en alimentos como la avena, las manzanas y las legumbres, ayuda a reducir el colesterol y a estabilizar los niveles de azúcar en la sangre. La fibra insoluble, presente en alimentos como el salvado de trigo, las nueces y las verduras de hoja verde, facilita el tránsito intestinal y la eliminación de residuos del cuerpo. Consumir suficiente fibra diariamente es esencial para mantener un sistema digestivo saludable y eficiente.

El ayuno intermitente es otra práctica que puede apoyar la desintoxicación. Esta práctica implica alternar períodos de comida con períodos de ayuno, permitiendo que el cuerpo descanse y se enfoque en la reparación celular y la eliminación de toxinas. El ayuno intermitente puede tener varios beneficios, como mejorar la sensibilidad a la insulina, reducir la inflamación y promover la pérdida de peso. Sin embargo, es importante hacerlo de manera segura y consultar con un profesional de la salud antes de comenzar cualquier régimen de ayuno.

Otra forma de desintoxicarse es a través de la práctica regular de ejercicio físico. El ejercicio aumenta la circulación sanguínea y la sudoración, lo que ayuda a eliminar toxinas a través de la piel. También mejora la digestión y la función de los órganos de desintoxicación, como el hígado y los riñones. Incorporar actividad física en nuestra rutina diaria, ya sea caminar, correr, nadar o practicar yoga, puede tener un impacto positivo en nuestra capacidad de desintoxicación y en nuestra salud general.

Finalmente, es importante reducir la exposición a toxinas tanto como sea posible. Esto incluye elegir alimentos orgánicos cuando sea posible, evitar productos de limpieza y cuidado personal con químicos tóxicos, y minimizar la exposición a contaminantes ambientales. También podemos apoyar la desintoxicación a través de prácticas como la respiración profunda, que ayuda a eliminar toxinas a través de los pulmones, y el cepillado en seco de la piel, que estimula la circulación y la eliminación de células muertas.

En resumen, la nutrición y la desintoxicación son fundamentales para nuestro bienestar. Al comer una dieta equilibrada rica en nutrientes esenciales, mantenerse hidratado, apoyar la desintoxicación natural del cuerpo y reducir la exposición a toxinas, podemos mejorar nuestra salud física, mental y emocional. Este capítulo ha explorado la importancia de la nutrición y la desintoxicación para el bienestar, y en los siguientes capítulos, continuaremos explorando más aspectos esenciales para vivir una vida con bienestar. ¡Cuidemos nuestro cuerpo y disfrutemos de una vida más saludable y equilibrada!

# Motivación y Crecimiento Personal

La motivación y el crecimiento personal son componentes esenciales para alcanzar el bienestar y una vida plena. Todos tenemos sueños y metas que queremos lograr, pero a veces nos encontramos con obstáculos que nos impiden avanzar. La motivación nos impulsa a superar esos obstáculos, mientras que el crecimiento personal nos permite aprender y evolucionar a lo largo del camino. En este capítulo, exploraremos cómo mantenernos motivados y comprometidos con nuestro crecimiento personal, para así alcanzar nuestros objetivos y vivir una vida más satisfactoria.

La motivación es la fuerza que nos impulsa a actuar. Sin motivación, es fácil quedarse estancado y no avanzar hacia nuestras metas. Hay dos tipos principales de motivación: la motivación intrínseca y la motivación extrínseca. La motivación intrínseca proviene de dentro de nosotros mismos; es el deseo de hacer algo porque lo disfrutamos o porque creemos en su importancia. La motivación extrínseca, por otro lado, proviene de factores externos, como recompensas, reconocimiento o evitar consecuencias negativas.

Para mantenernos motivados, es importante identificar nuestras fuentes de motivación intrínseca. ¿Qué actividades nos apasionan? ¿Qué nos hace sentir realizados y felices? Cuando alineamos nuestras metas con nuestras pasiones y valores, es más probable que nos mantengamos motivados a largo plazo. Por ejemplo, si disfrutar de ayudar a los demás, podemos buscar metas que involucren el servicio a la comunidad o la ayuda a personas necesitadas. Al hacerlo, encontraremos satisfacción en el proceso, no solo en el resultado final.

Establecer metas claras y alcanzables también es crucial para mantener la motivación. Las metas nos dan dirección y propósito, y nos ayudan a medir nuestro progreso. Es útil dividir las metas grandes en objetivos más pequeños y manejables. De esta manera, podemos celebrar nuestros logros a medida que avanzamos, lo que refuerza nuestra motivación. Por ejemplo, si queremos correr una maratón, podemos comenzar estableciendo metas intermedias, como correr 5 kilómetros, luego 10 kilómetros, y así sucesivamente. Cada pequeño logro nos acercará a nuestra meta final y nos mantendrá motivados.

El crecimiento personal es un proceso continuo de desarrollo y mejora. Implica adquirir nuevos conocimientos, habilidades y experiencias que nos ayudan a expandir nuestro potencial y alcanzar nuestras metas. El crecimiento personal nos permite adaptarnos a los cambios, superar desafíos y aprovechar las oportunidades que se nos presentan. Es un viaje que dura toda la vida y que nos lleva a ser la mejor versión de nosotros mismos.

Una de las claves del crecimiento personal es la autoconciencia. Conocernos a nosotros mismos, nuestras fortalezas y debilidades, es fundamental para identificar áreas en las que necesitamos trabajar y para aprovechar nuestras capacidades al máximo. La reflexión regular, ya sea a través de la meditación, el diario personal o la autoevaluación, nos ayuda a comprender nuestros pensamientos, emociones y comportamientos. Esta autoconciencia nos permite tomar decisiones más informadas y conscientes sobre nuestro crecimiento.

La educación y el aprendizaje continuo son componentes esenciales del crecimiento personal. El mundo está en constante cambio, y mantenerse actualizado con nuevos conocimientos y habilidades es crucial para adaptarnos y prosperar. Esto no necesariamente significa volver a la escuela formalmente; hay muchas maneras de aprender, como leer libros, asistir a talleres, tomar cursos en línea o simplemente explorar nuevos intereses y pasatiempos. El aprendizaje nos mantiene curiosos, abiertos de mente y preparados para enfrentar nuevos desafíos.

La resiliencia es otra cualidad importante para el crecimiento personal. La vida está llena de altibajos, y la capacidad de recuperarnos de los contratiempos es esencial para seguir avanzando. La resiliencia nos permite ver los desafíos como oportunidades para aprender y crecer, en lugar de obstáculos insuperables. Podemos desarrollar resiliencia adoptando una mentalidad positiva, estableciendo una red de apoyo sólida y practicando el autocuidado.

La autoeficacia, o la creencia en nuestra capacidad para lograr nuestras metas, es fundamental para la motivación y el crecimiento personal. La autoeficacia nos da la confianza necesaria para enfrentar desafíos y perseverar ante las dificultades. Podemos fortalecer nuestra autoeficacia estableciendo y logrando pequeños objetivos, recordando nuestros éxitos pasados y visualizando nuestro éxito futuro. Cuando creemos en nosotros mismos, estamos más dispuestos a asumir riesgos y a esforzarnos por alcanzar nuestras metas.

El apoyo social también juega un papel crucial en la motivación y el crecimiento personal. Rodearnos de personas que nos apoyan y nos inspiran puede hacer una gran diferencia en nuestro viaje hacia el bienestar. Los amigos, la familia, los mentores y las comunidades pueden proporcionarnos motivación, consejos, retroalimentación y aliento. No debemos subestimar el poder del apoyo social en nuestro camino hacia el crecimiento personal.

La gratitud es otra práctica poderosa que puede impulsar nuestra motivación y crecimiento personal. Tomarse el tiempo para reflexionar sobre las cosas por las que estamos agradecidos nos ayuda a mantener una perspectiva positiva y a valorar nuestras experiencias y logros. La gratitud nos conecta con el presente y nos permite apreciar el progreso que hemos hecho, lo cual puede reforzar nuestra motivación para seguir adelante. Practicar la gratitud regularmente, ya sea a través de un diario de gratitud o simplemente expresando agradecimiento a los demás, puede tener un impacto significativo en nuestro bienestar y crecimiento.

Finalmente, es importante recordar que el crecimiento personal es un viaje único para cada individuo. No hay una única manera correcta de crecer y desarrollarse. Cada uno de nosotros tiene su propio camino y ritmo. Es esencial ser paciente y compasivo con nosotros mismos, reconocer nuestros logros y aprender de nuestros errores. El crecimiento personal no es una carrera, sino un viaje continuo de autodescubrimiento y mejora.

En resumen, la motivación y el crecimiento personal son fundamentales para alcanzar el bienestar y una vida plena. La motivación nos impulsa a actuar y a superar los obstáculos, mientras que el crecimiento personal nos permite aprender y evolucionar. Al identificar nuestras fuentes de motivación intrínseca, establecer metas claras, desarrollar la autoconciencia, aprender continuamente, ser resilientes, fortalecer nuestra autoeficacia, buscar apoyo social y practicar la gratitud, podemos mantenernos motivados y comprometidos con nuestro crecimiento personal. Este capítulo ha explorado la importancia de la motivación y el crecimiento personal para el bienestar, y en los siguientes capítulos, continuaremos explorando más aspectos esenciales para vivir una vida con bienestar. ¡Mantente motivado, sigue creciendo y disfruta de una vida más plena y satisfactoria!

# Tecnología y Bienestar

La tecnología ha cambiado drásticamente nuestras vidas. Desde los teléfonos inteligentes hasta las redes sociales, la tecnología está en todas partes y afecta casi todos los aspectos de nuestro día a día. Aunque la tecnología puede ofrecer muchas ventajas y mejorar nuestra vida de diversas maneras, también puede tener efectos negativos si no la usamos de manera consciente. En este capítulo, exploraremos cómo la tecnología puede influir en nuestro bienestar y cómo podemos encontrar un equilibrio saludable en su uso.

Primero, veamos cómo la tecnología puede mejorar nuestro bienestar. Las herramientas digitales nos ofrecen acceso a una gran cantidad de información y recursos que pueden ayudarnos a vivir de manera más saludable. Por ejemplo, existen aplicaciones de seguimiento de actividad física que nos ayudan a mantenernos activos, medir nuestro progreso y alcanzar nuestras metas de fitness. Estas aplicaciones pueden recordarnos cuándo es el momento de hacer ejercicio y ofrecer sugerencias para mejorar nuestra rutina. Del mismo modo, hay aplicaciones de meditación y relajación que nos enseñan técnicas para reducir el estrés y mejorar nuestra salud mental.

Además, la tecnología ha facilitado el acceso a servicios de salud y bienestar. Las consultas médicas en línea permiten que las personas se conecten con profesionales de la salud sin tener que desplazarse a una clínica. Esto es especialmente útil para quienes viven en áreas remotas o tienen horarios complicados. Los recursos en línea también nos ofrecen una amplia gama de información sobre nutrición, salud mental y bienestar general, ayudándonos a tomar decisiones más informadas sobre nuestra salud.

Las redes sociales, aunque a menudo se ven como una fuente de distracción, también pueden tener beneficios positivos para el bienestar. Pueden servir como plataformas para conectarnos con amigos y familiares, compartir experiencias y recibir apoyo emocional. Además, existen comunidades en línea que nos permiten encontrar grupos de apoyo y personas con intereses similares. Estos espacios pueden proporcionar una sensación de pertenencia y apoyo, especialmente en tiempos de necesidad.

Sin embargo, el uso excesivo de la tecnología puede tener efectos negativos en nuestro bienestar. Uno de los principales problemas es la dependencia de los dispositivos digitales. Pasar demasiado tiempo frente a la pantalla puede llevar a una serie de problemas de salud, como fatiga ocular, dolores de cabeza y problemas de postura. La exposición prolongada a la luz azul de las pantallas también puede afectar nuestro sueño, causando insomnio y alteraciones en el ritmo circadiano. Para contrarrestar estos efectos, es importante tomar descansos regulares y practicar la regla 20-20-20: cada 20 minutos, mirar algo a 20 pies de distancia durante al menos 20 segundos.

La tecnología también puede afectar nuestra salud mental. Las redes sociales, en particular, pueden ser una fuente de estrés y ansiedad. La exposición constante a imágenes idealizadas y comparaciones sociales puede disminuir nuestra autoestima y aumentar los sentimientos de inseguridad. Además, la presión para estar siempre conectados y disponibles puede llevar al agotamiento digital, donde nos sentimos sobrecargados y estresados por la constante comunicación y las demandas de la tecnología. Establecer límites en el uso de las redes sociales y desconectar de vez en cuando puede ayudar a mitigar estos efectos negativos.

Otro aspecto a considerar es el impacto de la tecnología en nuestras relaciones interpersonales. Aunque la tecnología facilita la comunicación, a veces puede hacer que las interacciones sean menos profundas. La interacción cara a cara es fundamental para desarrollar conexiones significativas y mantener relaciones saludables. Pasar demasiado tiempo en línea puede llevar a una disminución en la calidad de nuestras interacciones en persona. Es importante encontrar un equilibrio y asegurarnos de dedicar tiempo a la comunicación en persona y a las actividades sociales fuera del entorno digital.

Para lograr un uso equilibrado y saludable de la tecnología, es útil establecer límites claros. Podemos comenzar por crear un horario para el uso de nuestros dispositivos y asegurarnos de que haya tiempos dedicados a actividades no tecnológicas, como leer un libro, practicar un deporte o pasar tiempo con amigos y familiares.

También es beneficioso designar áreas de la casa, como el dormitorio, como zonas libres de tecnología, para mejorar la calidad del sueño y reducir el impacto de la luz azul en nuestro descanso.

La tecnología puede ser una herramienta valiosa para el bienestar si se utiliza de manera consciente y equilibrada. Es esencial ser conscientes de cómo nos afecta el uso de la tecnología y hacer ajustes cuando sea necesario para proteger nuestro bienestar físico, mental y emocional. La clave está en encontrar un equilibrio que nos permita disfrutar de los beneficios de la tecnología sin sacrificar nuestra salud y calidad de vida.

En conclusión, la tecnología tiene el potencial de mejorar nuestro bienestar al brindarnos acceso a recursos, apoyo y herramientas útiles. Sin embargo, también puede tener efectos negativos si no se usa de manera equilibrada. Al tomar medidas para gestionar nuestro tiempo de pantalla, establecer límites saludables y priorizar la interacción en persona, podemos disfrutar de los beneficios de la tecnología mientras mantenemos nuestro bienestar. Este capítulo ha explorado la influencia de la tecnología en el bienestar, y en los siguientes capítulos, continuaremos abordando más aspectos esenciales para vivir una vida con bienestar. ¡Usa la tecnología de manera consciente y disfruta de una vida equilibrada y saludable!